El espacio

Las estrellas

Charlotte Guillain

Heinemann Library
Chicago, Illinois

Editorial: Rebecca Rissman, Charlotte Guillain, and Siân Smith
Picture research: Tracy Cummins and Heather Mauldin
Designed by Joanna Hinton-Malivoire
Translation into Spanish by DoubleOPublishing Services
Printed and bound by South China Printing Company Limited

13 12 11 10 09
10 9 8 7 6 5 4 3 2 1

ISBN-13: 978-1-4329-3508-5 (hc)
ISBN-13: 978-1-4329-3515-3(pb)

Library of Congress Cataloging-in-Publication Data

Guillain, Charlotte.
  [Stars. Spanish]
  Las estrellas / Charlotte Guillain.
       p. cm. -- (El espacio)
  Includes index.
   ISBN 978-1-4329-3508-5 (hardcover) -- ISBN 978-1-4329-3515-3 (pbk.)
  1. Stars--Juvenile literature. I. Title.
  QB801.7.G8518 2009
  523.8--dc22

                                        2009011032

Acknowledgments
The author and publisher are grateful to the following for permission to reproduce copyright material:
Alamy pp. **7** (©B.A.E. Inc.), **14** (©Peter Arnold, Inc.); Getty Images pp. **4** (©Stephen Alvarez), **5** (©Suk-Heui Park), **6** (©Stocktrek), **8** (©Carlos Emilio); NASA pp. **9** (©SOHO), **13** (©Don Figer, STScI), **18** (©JPL-Caltech/GSFC/SDSS), **20**, **23a** (©JPL-Caltech/STScI), **23b** (©SOHO); Photo Researchers Inc pp.**10** (©Mark Garlick), **11** (©Jean-Charles Cuillandre), **12** (©L. Dodd), **15** (©John Chumack), **16** (©Mark Garlick), **19** (©Chris Butler); Photolibrary pp.**21, 22, 23c** (©Nick Dolding); Shutterstock p.**17** (©Mahesh Patil).

Front cover photograph reproduced with permission of NASA (©CXC/JPL-Caltech/CfA). Back cover photograph reproduced with permission of Shutterstock (©Mahesh Patil).

Contenido

El espacio

Las estrellas están en el espacio.

El espacio queda más allá del cielo.

Las estrellas

Las estrellas quedan muy lejos
de la Tierra.

Vemos estrellas brillando en el cielo.

Las estrellas se ven muy pequeñas en el cielo.

8

Las estrellas son enormes bolas de gas.

Las estrellas son muy calientes.

Las estrellas brillan intensamente.

Las estrellas pueden ser de diferentes tamaños.

Las estrellas pueden ser de diferentes colores.

13

Las estrellas inmensas son azules o rojas.

Las estrellas más pequeñas son amarillas.

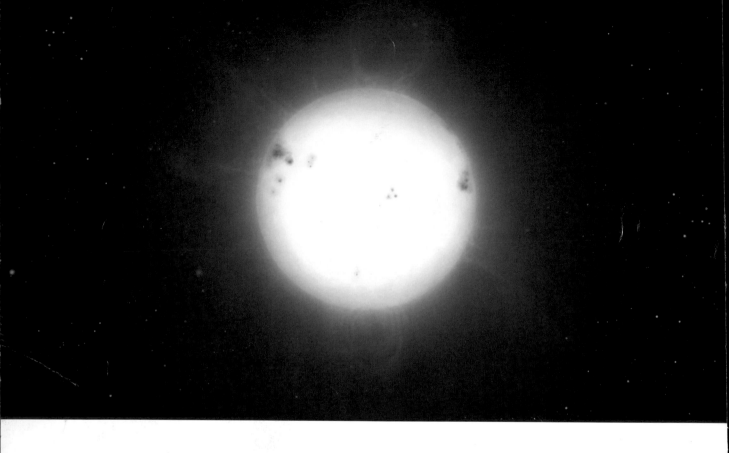

El Sol es una estrella amarilla.

el Sol

la Tierra

El Sol es la estrella más cercana
a la Tierra.

17

Galaxias

Una galaxia es un grupo de estrellas.

El Sol queda en una galaxia llamada

Vía Láctea.

19

Hay muchas galaxias en el espacio.

telescopio

Necesitamos un telescopio para ver muchas de las galaxias.

¿Te acuerdas?

¿Qué es esto?

Respuesta en la pág. 24

Glosario ilustrado

galaxia un grupo de estrellas. Vivimos en la galaxia llamada Vía Láctea.

gas no es sólido como la madera o líquido como el agua. El aire es un gas que respiramos, pero que no podemos ver.

telescopio algo que usas para que cosas que quedan muy lejos se vean más grandes y más fácilmente

Índice

Respuesta a la pregunta en la pág. 22: Un telescopio.

Nota a padres y maestros
Antes de leer
Pregunte a los niños si alguna vez han mirado el cielo de noche y vieron estrellas. En una noche clara es posible ver cientos de estrellas centelleando en el cielo. Explique que las estrellas se ven pequeñas porque quedan muy lejos. Las estrellas son muy grandes y calientes, por eso brillan tan intensamente.

Después de leer
• Hacer un dibujo de una estrella mágica. Dibujen estrellas con un creyón de cera blanco en una hoja de papel blanco. Luego, pinten sobre las estrellas con pintura de cartel negra y vean las estrellas aparecer en el cielo nocturno.

• Hacer una estrella colgante de tres dimensiones. Entregue a cada niño dos estrellas de cinco puntas hechas de papel blanco duradero. Pida a los niños que las coloreen con creyones amarillos. Corten una hendidura en una estrella desde el comienzo de un punto hasta el centro de la estrella, y desde los extremos de dos puntos, atravesando el centro, de la otra estrella. Encajen las dos estrellas. Cuelguen las estrellas desde el techo.

24